AF454678

LA VILLE

DES VICTOIRES.

A PARIS,

DE L'IMPRIM. DE BERTRAND-POTTIER,

RUE GALANDE, N°. 56.

LA VILLE

DES VICTOIRES

SUR LE CHAMP DE BATAILLE

DE MARENGO,

DÉDIÉE

AU PREMIER CONSUL

DE LA RÉPUBLIQUE FRANÇAISE:

PAR J. RIVAUD

COMMISSAIRE DES GUERRES.

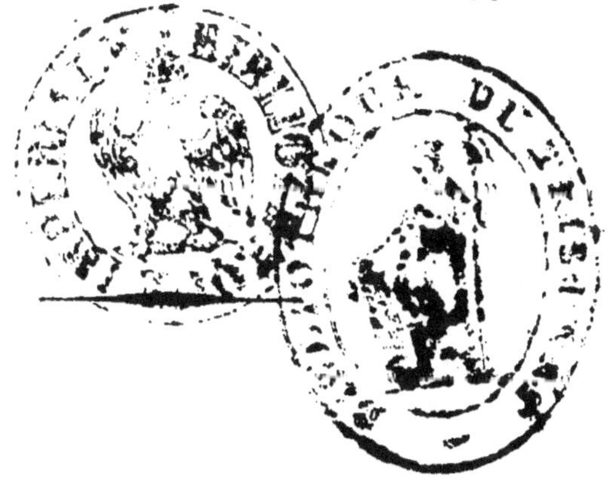

VENTOSE AN XI.

LA VILLE
DES VICTOIRES
SUR LE CHAMP DE BATAILLE
DE MARENGO.

LA nature produit à de longs intervalles des hommes extraordinaires qui, par leur génie et leur courage, remplissent l'univers de leur gloire ; la renommée fait passer leurs noms aux races futures, et les nations, fières de leur avoir donné le jour, ont érigé des monumens qui consacrent à-la-fois et leurs vertus et leurs talens.

Aujourd'hui la France s'enorguillit de

posséder le plus grand des héros, son nom seul dit tout ce qu'il est, et le burin de l'histoire, muet pour avoir trop à dire, se contentera de l'indiquer à la postérité.

Mais, témoin de tout ce que le Premier Consul a fait pour la gloire et le bonheur de la France, je n'ai pu, aux risques de déplaire à sa modestie, me refuser aux élans de mon cœur et de ma reconnaissance.

J'ai parcouru les lieux où il a su fixer la victoire ; j'ai servi sous ses ordres ; j'ai connu les dangers auxquels il n'a pas craint d'exposer ses jours : son génie était toujours sous mes yeux, captivait tous mes sens, et, plein de son image, j'ai conçu le projet d'une ville qui, élevée sur le champ de bataille qui a fixé à jamais les hautes destinées de la grande nation, rappellera par son nom et par ses formes cette glorieuse et mémorable époque.

Cette ville, placée là où fut gagnée la bataille de Marengo, s'appellera LA VILLE DES VICTOIRES.

Son plan est simple et régulier : il forme un octogone parfait, ayant de circuit environ deux mille toises, sur six cents de diamètre ; il indique toutes les actions du héros, depuis le 22 germinal an 4 jusqu'à ce jour.

Au centre se trouve la place de Marengo ; elle sera ornée d'un superbe pérystile, d'où partiront huit grandes rues avec des portiques faisant galerie dans toute leur étendue.

Les autres grandes places seront également ornées de pérystiles et de portiques, et toutes les autres rues seront garnies de troittoirs. *

« En arrivant par la porte de France, « l'on trouve le cours de la Gloire, la « place de Montenotte, les rues du Pô, « de Lodi, de Mantoue, celle de Trieste, « la place de Leoben, le cours des Trai- « tés, la porte du Repos.

« Au midi de cette ligne seraient les « rues de Millesimo, de Dego, de Vico, « de Mondovi, de Fombio, de Pavie, de « Milan, du Mincio, de Borghetto, de « Plaisance, de Parme, de Crémone, « de Bologne, de Ferrare, d'Immola, « de Faenza, du château de Milan, de

---

* Les rues sont divisées en trois classes ; celles qui ont des portiques dans toute leur longueur, forment la première ; elles ont 60 pieds de largeur : celles de la seconde en ont 42 ; et celles de la troisième en ont 30.

(9)

« Salo, de Lonado, de Véronne, de
« Castiglione, de Castellaro, de Porto-
« Legnago, des Dues Castelli, de Saint-
« Georges, de St.-Michel, de Segonzano,
« de Caldero, d'Arcole, d'Anguiari, de
« la Favorite et d'Ancône.

« L'on voit aussi la place de Lonado,
« en mémoire du trait de hardiesse du
« héros, qui, cerné avec sa garde et son
« état-major par une division ennemie, lui
« fit mettre bas les armes et l'obligea
« à se rendre à discrétion.

« Au nord de la même ligne seront
« les rues de Peschiera, de Trente, de
« Serravalle, de Roveredo, de Covello,
« de la Brinta, de Bassano, de Cera, de
« Carpenedolo, de Davio, de la Piave,
« de Longara, de Sacile, du Tagliamento,
« du Lisonzo, de Gradisca, de Casasola,

« de la Chinse, de l'Avis de Tramen, de
« Clausen, de Neumarck, de Hundsmark
« et de Torvis ; ce qui forme la première
« partie et rappelle les victoires des pre-
« mières campagnes de Bonaparte en
« Italie.

« Tous les combats, toutes les victoires
« gagnées sous les murs de Mantoue, et
« qui ont décidé du sort de cette place
« importante, sont rappelés dans les rues
« avoisinant celle de cette cité.

« Les rues de l'Expédition et de Malte
« ont leur direction du Midi au Levant.

« En entrant par la porte du Levant,
« on traversera le cours de la Descente,
« la place du Marabou, la rue du Nil,
« celle des Pyramides, la place du Caire
« et la rue d'Aboukir ; au Sud-Est de cette

« ligne, on trouvera les rues d'Hesney,
« de Souhama, de Cophtos, de Benout,
« de Bardis, de Girgé, de Géhémi, de
« Benéadi et de Sienne, rappelant toutes
« les victoires et combats dans la Haute-
« Egypte.

« Au Nord-Est de la même ligne, sont
« les rues d'Alexandrie, de Rosette, de
« Chebriesse, d'Embabé, de Salchich,
« de la Syrie, d'Elarych, de Mont-Tabor,
« de Ghazah et de Jaffa, qui sont les
« victoires de l'Egypte et de la Syrie.

« De la porte des Alpes, l'on arrivera
« au cours du St.-Bernard, à la place de
« Bard, aux rues de Romano, d'Italie,
« de Montebello, de St.-Julien, à la place
« de Marengo.

« De la porte de Gênes au cours du

« Secours, à la place de la Victoire, à la
« rue de Dessaix, à la place de la Recon-
« naissance, à la rue Bonaparte, à la place
« de Marengo, à la rue Napoléon, à la
« place de la Paix, à la rue de l'Union,
« à la place du Bonheur, au cours de la
« Félicité.

« Dans la partie qui sépare la porte de
« France de celle de Gênes, se trouveront
« les rues de Sardaigne, de Modène, la
« place de Rome, les rues de Naples, du
« Duché de Parme et de Lunéville, qui
« rappellent les traités conclus par suite
« des succès; l'on y trouve aussi la rue
« Joseph, la porte des Arts et le cours
« des Etudes.

« Dans la même partie, seront la place
« Consulaire, les rues du Sénat, du Corps
« législatif, du Tribunat, des Ministres,

« de la Légion d'honneur, du Concordat,
« le cours des Projets et la porte du Gé-
« nie.

« Sur la place de la Victoire s'élèvera
« la colonne triomphale.

« Sur celle de la Reconnaissance, le
« monument aux mânes de Dessaix et
« des grands-hommes morts au champ
« d'honneur.

« Dans les bâtimens à élever autour de
« cette place, seraient le temple et le pa-
« lais de la Reconnaissance ; dans ce der-
« nier logeraient les deux mille invalides
« que l'on doit envoyer dans le départe-
« ment de Marengo.

« Sur la place de Marengo, s'élèvera
« le monument des Victoires ; l'on y re-

« marquera aussi le palais du Vainqueur,
« le temple de la Gloire et le théâtre des
« Succès ; partie du palais serait destinée
« aux Fonctionnaires publics : c'est aussi
« dans ce palais que se tiendraient les
« congrès et se feraient tous les traités
« avec les diverses Puissances de l'Italie.
« Son nom, sa position rappelleraient de
« grands souvenirs.

« A la place de la Paix, seront le mo-
« nument et le temple de cette divinité
« bienfaisante.

« Sur la place du Bonheur, l'on verra
« la statue du héros rendant à la félicité
« la France et l'Italie.

« Sur la place Consulaire et celles de
« Montenotte, de Lonado, du Caire, de
« Bard et de Leoben sont des fontaines

(15)

« pour l'utilité publique ; elles représen-
« teront les passages du Pô, de l'Adda,
« du Mincio, du Nil, du Tagliamento et
« de la Piave.

« Un boulevard planté d'arbres avec
« une large chaussée dans le milieu, fait
« le tour de la ville et servira de prome-
« nade ; un mur avec un fossé d'environ
« vingt-cinq toises en fait la clôture.

« Elle se divise en cinq Paroisses.

« 1°. Celle du Centre ou la Cathédrale,
« au temple de la Gloire.

« 2°. Celle du Nord, au temple de la
« Paix.

« 3°. Celle du Levant, sur la place du
« Caire.

« 4°. Celle du Midi, au temple de la
« Reconnaissance.

« 5°. Celle du Couchant, sur la place
« de Lonado.

« Dans les tems de guerres, les chants
« de victoires se feront entendre dans la
« Cathédrale ; les vœux pour la paix, et
« les fêtes y relatives, se célébreront dans
« le temple de la Paix ; et c'est dans le
« temple de la Reconnaissance que l'on
« prononcera les oraisons funèbres, que
« l'on jètera des fleurs sur la tombe des
« braves, et que l'on invoquera le Dieu
« de l'univers pour le bonheur et le repos
« des mânes des grands-hommes pleurés
« par la Patrie.

« Un monument sera consacré aux
« Ecoles publiques, à la Bibliothèque et

« à tous les Etablissemens des Arts et des
« Sciences nécessaires à l'instruction pu-
« blique. *

« L'on élèvera une Bourse et une Halle
« pour le Commerce. **

« La position de cette Ville peut per-
« mettre de la baigner au Couchant et au
« Nord par les eaux de la Bormide, dont
« on détournerait facilement le cours en
« totalité ou en partie, si l'on voulait éta-
« blir un canal portant bateau depuis ses
« murs jusqu'au Pô.

« Sa position entre la France, la Ré-
« publique italienne, le duché de Parme

---

* Ce monument serait élevé sur la place de Rome.
** La Bourse se trouverait sur la place de la
Paix, et la Halle sur la place du Caire.

« et la Ligurie, doit la rendre l'entrepôt
« général du commerce entre ces divers
« États. Sa proximité avec le Pô lui don-
« nera le même avantage relativement à
« la ville de Venise et à une grande partie
« du reste de l'Italie.

« Il faut donc lui accorder l'indépen-
« dance, la liberté pleine et entière de
« toutes les branches du commerce,
« l'exemption de toute imposition pen-
« dant cinquante à soixante ans, des
« primes de dix à vingt ans de plus de la
« même exemption pour les citoyens qui
« auraient bâti dans un tems déterminé.

« Il faut un appel à tous les Manufac-
« turiers ou Commerçans de toutes les
« Nations qui voudraient s'y établir, et
« bientôt cette Ville sera florissante.

(19)

« Il faudra aussi que tous les Artistes
« soient appelés à concourir aux plans et
« élévations des monumens publics, aux
« élévations des diverses places et rues, et
« que nul citoyen ne puisse construire
« l'extérieur de sa maison que d'après les
« dessins généraux.

« Tel est le projet de la Napoléone ou
« la Ville des Victoires ; puisse-t-il être
« en tout digne du héros à qui il est offert
« et de la grande Nation qui lui doit son
« bonheur : c'est la plus douce récom-
« pense que puisse desirer celui qui lui en
« fait l'hommage. »

Rivaud.

9 782329 373829